I0707509

Macky Sall

Jean
Azele

Macky Sall

Non à Wade
& Non à Obama

Au nom de l'Afrique

EdkBooks

©EdkBOOKS – Juillet 2018
ISBN : 978-1722222130

Avant-propos

Le Sénégal, mère de la démocratie en Afrique car réinstaurée dans ce pays en 1974, soit 17 longues années avant tous les autres du continent en 1991, a failli sombrer dans la présidence à vie avec au bout du compte l'instauration d'une dynastie.

Par son élection en 20-12, Macky Sall a mis un coup d'arrêt à cette dérive.

Une année plus tard en 2013 Barack Obama en

visite officielle à Dakar s'est fait l'avocat de l'homosexualité en Afrique au cours d'une conférence de presse commune avec le Président du Sénégal.

Imagine-t-on un Chef d'Etat du continent allant exiger aux Américains d'admettre chez eux la polygamie ? Impossible.

En conséquence, il lui a été opposé une catégorique fin de non-recevoir par Macky Sall. A chaque région du monde son mode de vie, ses meurs.

Ces deux faits qui sont loin d'être anodins, ont considérablement marqué les Africains et font de Macky Sall à ce jour, sans fanfare ni trompette ce-

pendant, un Président qui
fait honneur à l'Afrique
tout entière.

Chapitre I :

Sénégal : pionnier de la démocratie en Afrique.

Le Sénégal est avant tout le pays de la démocratie en Afrique. C'est par celui-ci qu'elle est revenue sur le continent, après l'éclipse du parti unique, et bien avant que François Mitterrand ne l'impose à l'ensemble des pays anciennement colonisés par la France en 1990, lors du fameux sommet Franc/Afrique de La Baule et que les autres pays leur emboîtent le pas, le mur de Berlin étant tombé, et avec lui la guerre froide ayant pris fin. Léopold Sédar Senghor a décidé, en 1974, de réinstaurer la démocratie au Sénégal, sans pression aucune. Il a rejeté tous les arguments en vigueur à l'époque qui justifiaient la dictature en Afrique : sous-développement, tribalisme, sous-culture politique de la population, etc. Il a toutefois limité le nombre de partis politiques ; mais, c'était malgré tout déjà la démocratie, le pluralisme politique étant reconnu. Par ailleurs, une loi d'amnistie a été votée et a abouti à la libération des prisonniers politiques au nombre desquels l'ex-Premier ministre Mamadou Dia.

Après avoir connu le retour à la démocratie en 1974, le Sénégal a également connu le tout premier retrait volontaire d'un Chef d'Etat de l'histoire africaine, à travers le départ du pouvoir du Président Senghor le 31 décembre 1980. Dix années plus tard encore, le Sénégal a connu une alternance pacifique, avec la victoire de Maître Abdoulaye Wade le 19 mars 2000.

Enfin, les militaires sénégalais ont toujours été légalistes. Il n'y a jamais

eu de tentative de coup d'
Etat.

Bien mieux, même pendant l'ère précoloniale, les chercheurs ont démontré que l'organisation politique de certaines provinces de ce territoire qui allait constituer le Sénégal, était caractérisée par un certain degré de démocratie. Il existait une séparation et un équilibre des pouvoirs. Tel était le cas des provinces de Cayor et de Baôl. Par ailleurs, ils s'y tenaient des élections, et il existait un contrôle du pouvoir[1]. La région des Lebous qui constitue ac-

---

[1] - Alioune Badara Fall, *La démocratie sénégalaise à l'heure de l'alternance,* www.afrilex.u-bordeaux4.fr

tuellement la région du Cap-vert et Dakar son chef-lieu, était également dotée d'une organisation démocratique avant la période coloniale, à travers une constitution coutumière[2].

Des élections ont été organisées pour la première fois en 1848 au Sénégal, autrement dit au 19ème siècle, avec l'élection d'un premier député au Parlement à Paris, Barthélémy Durand Valantin[3]. Cela ne s'est passé

---

[2] - Ibid.

[3] - Maire de Saint Louis, il fut aussi le premier député du Sénégal à l'Assemblée constituante, élu le 30 octobre 1848 par 1 080 voix (2 071 votants, 4 726 inscrits). Il était un notable métis de l'île de Gorée et de Saint-Louis du Sénégal. wikipedia.org/wiki/Barthélémy_Durand_Valantin

nulle part ailleurs à cette période-là en Afrique.

A n'en pas douter, Léopold Sédar Senghor s'est fondé sur cette très longue tradition démocratique pour ne maintenir que pendant moins de dix ans le parti unique au Sénégal.

Dans un tel pays, comment subitement imaginer d'établir une dynastie, fut-il en se servant d'élections ? Ce n'est rien d'autre que méconnaître royalement l'histoire du peuple que l'on désire commander de père en fils. C'est une chimère.

Chapitre II :

Macky Sall contre le projet dynastique au Sénégal.

En dépit de ses nombreuses dénégations, Maître Abdoulaye Wade, c'est connu, projetait secrètement de se faire succéder tôt ou tard par son fils à la Présidence de la République. Aussi, dès lors que l'un de ses collaborateurs, en l'occurrence son Premier ministre, commençait à être perçu dans l'opinion publique comme un potentiel dauphin, il le limogeait. Idrissa Seck, l'un de ceux-ci, a été le premier à être victime de ce comportement. Puis ce fut au tour de Macky Sall.

Le 21 avril 2004, soit au bout de sa quatrième année de présidence de la République, Maître Abdoulaye Wade choisit Macky Sall comme Premier ministre. Sa désignation à ce poste était à l'évidence l'épilogue d'une lutte de pouvoir devenue de plus en plus ouverte avec le prédécesseur de Macky Sall.

Plusieurs faits corroboraient très largement cette opinion. Numéro deux du PDS et Premier ministre, ce dernier avait fini par être perçu par la population comme le « *dauphin naturel* » d'Abdoulaye Wade, c'est-à-dire son évident successeur. Dès lors, on a assisté à une progressive détérioration des relations entre les deux hommes. Abdoulaye Wade est allé d'humiliation en humiliation de celui-ci, jusqu'à ce que finalement il le limoge.

Macky Sall de son côté, une fois aux commandes du gouvernement, a surpris tout le monde dès son discours de politique générale face aux barons de l'opposition et à la classe

politique nationale en général. Bon départ pour la
population, mais l'était-ce
pour le Chef de l'Etat ?

Une fois en action pour
sa part, il met en œuvre
les projets du Président
de la République: la corni-
che de Dakar, l'autoroute,
le nouvel aéroport, etc. Il
sera maintenu à son poste
jusqu'au scrutin présidentiel de 2007, dont il con-
duira la campagne victo-
rieuse d'Abdoulaye Wade.
Pour tout dire, Macky
Sall a valablement rempli
sa mission de Premier mi-
nistre. En conséquence,
rien ne s'opposait de prime abord à sa reconduc-
tion dans ses fonctions.

Mais, contre toute attente, Maître Wade le limoge plutôt. N'a-t-il pas été à son tour victime de sa popularité ? On découvre de ce fait un Chef d'Etat désireux soit de n'avoir que des Premiers ministres incolores inodores, des lavettes, soit alors des personnages qui font le boulot et qu'il remercie dès lors qu'ils deviennent populaires et estime qu'ils vont lui faire ombrage. En fait, il poursuit invariablement son objectif : introniser au bout du compte son fils, ainsi qu'il l'a vu faire Eyadema au Togo. On se souvient qu'il avait été un des « *conseil-*

lers », pour ne pas dire davantage, du fils de ce dernier. Il lui avait suggéré de passer par les urnes pour conserver le pouvoir en famille, au moment où la rue s'était embrasée à Lomé contre lui.

Il va sans dire que tous les Sénégalais le voyaient venir, ils n'étaient guère dupes. Nombreux étaient parmi eux ceux qui n'approuvaient pas ce projet, y compris au sein du *Parti Démocratique Sénégalais*, PDS. A leurs yeux, le Sénégal, mère de la démocratie africaine, ne méritait pas un tel sort.

Réponse du berger à la bergère.

Macky Sall, finalement élu député puis désigné Président de l'Assemblée Nationale après sa sortie du gouvernement, sera le premier à entreprendre de contrecarrer ouvertement, c'est-à-dire de manière franche, le projet dynastique de Maître Wade. Il convoque en effet son fils au Parlement afin qu'il se justifie sur sa gestion fort contestée des travaux de l'ANOC, *Agence Nationale de l'Organisation de la Conférence Islamique.*

Le coup avait été rude pour la famille Wade. Ce

dernier était entré dans une terrible colère et avait parfaitement compris les aboutissants de cette démarche: empêcher la candidature de son fils à la fonction suprême. On connaît sa réaction : Macky Sall renversé par les députés de son propre parti, le PDS. On peut dire qu'il avait triomphé de Macky Sall à ce stade-là. Mais, ça ne sera que partie remise.

En effet, le prochain scrutin présidentiel s'annonçait. Aussi, en guise de riposte, il y avait une première possibilité : empêcher, par les voies légales, à savoir l'application de la constitution, d'une part, et ses propres engagements politiques, d'autre part, sa candidature, celui-ci ayant déjà consommé ses deux mandats réglementaires. Cette démarche cependant, n'est pas couronnée de succès. Toutefois, lorsque le Conseil constitutionnel valide celle-ci, des violences éclatent dans plusieurs villes du pays. Des jeunes rassemblés depuis des heures à l'appel de l'opposition Place de l'Obélisque, à Dakar, se mettent à jeter des pierres sur les forces de l'ordre, érigent des barricades, brûlent des planches et des pneus sur plusieurs artères. Un policier est tué au cours des affrontements entre manifestants et les forces de maintien de l'ordre. Ceux-ci durent toute la nuit. Les mêmes manifestations de colère éclatent également dans les villes de provinces, à Thiès, à Kaolack, à Matam, et à Ourossogui. Wade pour sa part ne recule pas pour autant. Il intervient même plutôt pour demander à ses opposants d'arrêter « *les manifestations d'humeur qui ne conduisent à rien*». Il les accuse de contester la validité de sa candidature « *sur des bases légères*». Il affirme qu' il peut « *légalement* » se présenter non seulement en 2012, mais également en 2019. Il manque simplement de dire qu'après lui ce sera son fils. Car, plus il dure au pouvoir, plus il lui prépare le terrain de la succession.

Macky Sall pour sa part monte au filet, ainsi que cela se produit au volleyball. Il fait déposer par des avocats une requête contre cette candidature le 28 janvier 2012.

« Monsieur Abdoulaye Wade, Secrétaire Général National du Parti Démocratique Sénégalais avait pris des engagements politiques portés par la coalition CA 2000 par lesquels il prônait la limitation du renouvellement du mandat du Président de la République à un, la durée des mandats à cinq (5) ans. C'est sur la base de ces engagements politiques qu'il a fait une campagne électorale en 2000 pour être élu au 2e tour des élections le 19 Mars 2000.

Aussitôt après, Monsieur Abdoulaye Wade, Président de la République du Sénégal, engagea dans ce sens une réforme de la constitution pour mettre en œuvre ses promesses électorales. Après son élection en 2000 sous l'empire de la constitution de 1963, le Président Abdoulaye Wade soumit au peuple Sénégalais par referendum une nouvelle constitution qui entra en vigueur le 22 Janvier 2001.

Ces engagements politiques se sont traduits expressément dans la nouvelle constitution ainsi adoptée à travers les articles 27 et 104. Elu en 2000 pour un mandat de 7 ans, le président Abdoulaye Wade fut réélu en 2007 pour un mandat de 5 ans prévu par la nouvelle constitution. C'est ainsi que juste après son élection de 2007 lors d'une conférence de presse, il déclara « *je ne peux plus me représenter pour un autre mandat car j'ai verrouillé la Constitution et j'ai bloqué le mandat à deux* ». En dépit de tout ce qui précède, Abdoulaye Wade a déposé au greffe du Conseil Constitutionnel sa candidature le 24 Janvier 2012 pour le premier tour à l'élection du Président de la République du 26 Février 2012. Le conseil constitutionnel, par décision en date du 27 janvier a arrêté et publié la liste des candidats à la dite élection sur laquelle figure le nom de Monsieur Abdoulaye Wade. Cette candidature n' est pas valide …»[4]

---

[4] - https://www.dakaractu.com/Reclamation-du-candidat-Macky-Sall-contre-la-candidature-de-Monsieur-Abdoulaye-

Peine perdue, la candidature d'Abdoulaye Wade a été maintenue. Il ne restait plus que la seconde option, l'affronter dans les urnes.

La suite, l'Afrique entière la connaît par cœur et l'a applaudie : Macky Sall a pu remporter l'élection présidentielle au second tour face à lui, mettant fin à son projet d'installer son fils sur le trône du Sénégal après lui. Il a pu démontrer que les Sénégalais ayant été le premier peuple à revenir à la démocratie en1974, ils l' ont bien assimilée, et il n'est guère question dans ce pays d'en user pour bâtir une dynastie, comme aux temps anciens.

Une fois battu aux élections, l'audition véritable et non pas celle factice qui s'est déroulée, de son fils qui a été bloquée à l'Assemblée Nationale, du temps de la présidence de Macky Sall, a finalement eu lieu à la gendarmerie, aux mois de juillet et novembre 2012, cette fois pour enrichissement illicite dans le cadre d'enquêtes ouvertes à la demande de la Cour de répression de l'enrichissement illicite (CREI). Au bout de ces auditions, celui-ci est placé en détention provisoire.

La CREI, créée en 1981 par le Président Abdou Diouf, en sommeil depuis des années, a été réactivée. Le PDS, ainsi qu'il fallait s'y attendre, accuse aussitôt le nouveau régime de se lancer dans une *« chasse aux sorcières »*.

Quoi qu'il en soit, Macky Sall pour sa part avait annoncé la couleur bien avant d'être élu Président de la République :

« «Lorsque nous serons au pouvoir, tout le monde sera contrôlé, à commencer par le président de la République.

Si vous voyez qu'on loge les agences à la présidence, c'est parce qu'on veut les extraire de tout contrôle. Mais, ça c'est terminé. Aucune agence ne sera plus logée à la présidence. Même le budget de la présidence de la République va être soumis au contrôle de la Cour des comptes et de l'inspection générale d'Etat.

C'est ce que tous les grands pays comme la France font. Si ceux qui nous gouvernent font tout ce qu'ils veulent sans rendre compte, c'est le peuple qui va trinquer. Le pays prime sur le parti. A chaque fois qu'il y a une contradiction entre la volonté du peuple et celle du parti, on met l'intérêt général au-devant »[5]

En clair, la fin des passe-droits et également de l'impunité.

Finalement la *Cour de Répression de l'Enrichissement Illicite*, CREI, a condamné Karim Wade a 6 ans de prison ferme et à une amende de 138 milliards de francs CFA au mois de mars 2015.

Après trois années passées en prison, Karim

----

5 - https://www.piccmi.com/EN-MEETING-A-KAOLACK-Macky-reparle-de-l-audition-de-Karim-Wade-a-l-assemblee-nationale_a10879.html

Wade a été gracié par Macky Sall et libéré le 23 juin 2016. Puis, il s'est envolé le lendemain 24 juin pour le Qatar. Sera-t-il candidat un jour à la présidentielle au Sénégal ? Pourrait-il se faire élire en bénéficiant du capital politique de son père ? Même si cela venait à se produire, ce ne serait plus, en tout cas, une succession dynastique. Traduction, Macky Sall a remporté la bataille et la République a été sauvée au Sénégal.

Chapitre III :

Sénégal : pays des valeurs nègres.

« Comprenez donc que l'intellectuel africain, que le Nègre d'Afrique, soit las d'être à la traîne de l'autre ; qu'il soit allergique aux idéologies importées ; qu'il éprouve, comme une nécessité impérieuse, le besoin violent de penser et d'agir par et pour lui-même. C'est bien là la grande leçon que nous propose la théorie de la Négritude »[6].

Le temps qui passe jamais n'effacera l'œuvre de

---

[6] - http://ethiopiques.refer.sn/spip.php?article722

Senghor sur le plan culturel au Sénégal. Avec Césaire et Damas, il a été à la base de la création du concept de la « négritude » qui n'est rien d'autre que « *l'ensemble des valeurs de civilisation du monde noir* »[7] selon Senghor.

> « Elle est enracinement en soi et confirmation de soi : de son être. La Négritude n'est rien d'autre que l'*African personality* des Négro-Africains de langue anglaise. Rien d'autre que cette « *personnalité noire* » découverte et proclamée

---

[7] - « la Négritude est un humanisme du XXe siècle, in « Liberté 3 »

par le mouvement américain du *New Negro* »[8]

Senghor déclare également :

« En quoi peut-on dire que la Négritude est dépassée ? A sonder de près les préoccupations de nos intellectuels (partisans ou contempteurs de la Négritude), il est aisé de constater que, plus que jamais, le retour aux sources négro-africaines n'est aussi ardemment prêché. Témoin nos productions littéraires et artistiques, les différents thèmes des colloques et sémi-

---

[8] - Ibid.

naires des universités africaines et occidentales ; témoin les directions prises par les chercheurs africains ; témoin le succès devenu, du reste, inquiétant, au plan politique, de la notion d'identité (raciale, ethnique, culturelle, nationale...) au point de menacer l'unité nationale de certains pays. Il semble que c'est plutôt le terme qui rebute les intellectuels, à cause, probablement, de la notion de couleur qu'elle renferme. Pourquoi nos frères anglophones, tout en acceptant le concept préfèrent-ils à Négritude le terme d'*african personality* ? Pourquoi le Zaïre de Mobutu lui préfère-t-il le terme d'authenticité ?

Pourquoi l'intellectuel
africain de ce dernier
quart du XXe siècle prêche-t-il, avec ardeur, le
retour aux sources négro-africaines, tout en
évitant de prononcer le
terme de Négritude, sinon que pour le rejeter ?
Ne s'agirait-il donc que
d'une querelle de mots ?[9]

Le peuple sénégalais
est ainsi à la fois celui de
toute l'Afrique noire qui a
le plus longtemps été influencé sur le plan culturel par la France, et celui qui en même temps figure parmi ceux qui sont

____

[9] - Ibid.

les plus fiers de leurs cultures. Les traditions ancestrales y sont fortes, les coutumes, les mœurs y sont sacrées. Un Sénégalais a beau être très occidentalisé, parler un impeccable français, il ne rejette pas pour autant sa culture et en est extrêmement fier.

En 1966, Léopold Sédar Senghor, dans cet esprit, avait organisé à Dakar le *Premier Festival Mondial des Arts Nègres*. Ce fut un événement sans précédent dans l'histoire de l'humanité.

Initialement prévu en 1961, puis 1963, puis encore en 1965, il s'est finalement tenu du 1ᵉʳ au 24 avril 1966. Des personnaltés de tous horizons y ont participé, et tous les arts y étaient représentés : arts plastiques, littérature, musique, danse, cinéma, etc.

La deuxième édition a eu lieu à Lagos en 1977, et la troisième édition de nouveau à Dakar et Saint Louis, du 10 au 31 décembre 2010.

De tels événements, le moins que l'on puisse dire, ne peuvent que profondément influencer une population. Il est assez significatif de relever que, bien qu'Abdoulaye Wade soit juriste et économiste de formation, et qu'il ne se soit pas véritablement manifesté comme un promoteur de la Négritude, il ait décidé d'héberger la troisième édition du festival dans son pays. Pour tout dire, les Sénégalais tiennent à leurs traditions. Il est assez significatif de constater en outre que la mode de la dépigmentation de la peau n'a pas beaucoup de succès auprès des Sénégalais, à la différence de ce qui se produit ailleurs en Afrique.

C'est ce peuple qu'a visité Barack Obama en 2013.

Chapitre IV :

Macky Sall contre Barack Obama.

Au mois de juin 2013, Barack Obama effectue une visite officielle au Sénégal. Il se rend naturellement à Gorée, lieu du départ à jamais des Africains lors de la traite négrière. En sa qualité de président noir des Etats-Unis d'Amérique, cela, il va sans dire, était inévitable. Il signe des accords avec le Sénégal, etc. Tout se déroule bien.

Mais, voilà que subitement à la faveur d'une conférence de presse commune avec Macky Sall, il aborde de manière tout à fait inattendue, la question de l'homosexualité en Afrique.

« Mon opinion est que, quelle que soient la race, la religion, le genre, l'orientation sexuelle face à la loi, tout le monde doit avoir les mêmes droits ».

Telle est sa déclaration. L'auditoire sénégalais est estomaqué. C'est

VOTEZ MACKY
Jeunesse, Expérience, Intégrité
République du
Un Peuple-Un But

un véritable cheveu dans la soupe.

Dans la quasi-totalité des pays africains, l'homosexualité est illégale. Seule l'Afrique du Sud l'autorise. Des mariages homosexuels y sont célébrés. Au Sénégal, la loi la punit d'une peine de prison de un à cinq ans ferme, assortie d'une amende de 100.000 F à 1,5 millions de francs CFA.

Mais les pays occidentaux assiègent systématiquement l'Afrique pour qu'elle les rejoigne dans leur homosexualité. Les associations de défense des droits de l'homme sont mises à contribution dans cette croisade totalement injustifiée pour les Africains. Celles qui se déploient en Afrique, sont pour la plupart créées et épaulées par les Européens et leurs ambassades locales. En conséquence, quiconque désire, de nos jours, obtenir sans difficulté, le droit d'asile dans un quelconque pays européen et qui se présente comme persécuté dans le sien pour son homosexualité, voit sa demande d'office accordée. De même, en cas de procès dans un pays africain contre un homosexuel, des avocats sont, depuis l'Eu-

rope, dépêchés pour l'as-
sister gratuitement.

La réponse de Macky
Sall à Barack Obama, le
moins que l'on puise dire,
a été sans appel :

> « Nous ne sommes pas
> prêts à dépénaliser l'ho-
> mosexualité ».

Plus tard, sur le plateau
d'une chaîne de télévision
française, *Itélé*, il a de
nouveau été interrogé sur
cette question. Il a maintenu sa position :

> « Nous avons notre
> code de la famille. Nous
> avons notre culture.

Nous avons notre civilisation. Il faut que les gens aussi apprennent à respecter nos croyances et nos convictions. Au nom de quoi parce qu'ailleurs, on pense que l'homosexualité doit être dépénalisée, que ça doit être une loi universelle ? (...) ce ne sont pas les organisations de droits de l'Homme qui gouvernent nos pays. (...) on doit respecter le droit à chaque peuple de définir sa législation (...) les gens doivent avoir la modestie de comprendre que tous les pays n'ont pas la même histoire, la même évolution, chaque pays a son propre métabolisme (...) les gens ont la liberté de faire ce

qu'ils veulent mais n'ont
pas la liberté d'imposer
aux autres ce qu'ils sont,
voilà le problème... »[10]

---

10 - https://www.lebledparle.com/actu/politique/
1100561-avortement-le-president-macky-sall-repond-a-
barack-obama

Chapitre IV :

Clamer à haute voix la spécificité de l'Afrique.

Rappeler aux autres nations du monde que les Africains ont leur mode de vie, leurs mœurs, leurs croyances, demeure encore de nos jours un combat permanent. Le fait de ne pas disposer de la bombe atomique ou de ne pas envoyer des engins dans l'espace ne fait pas des Africains des êtres de façade.

Avant l'invasion européenne, les Africains savaient ce que c'est que le vol, l'adultère, tout ce qui est mauvais dans la société et le punissaient. Ils n'ont pas attendu le contact avec l'homme blanc pour le faire.

Mais jusqu'à nos jours, soit presque 60 ans après la proclamation de l'indépendance, la personnalité africaine continue d'être niée, bafouée. Il a été, pour tout Africain par conséquent hautement réjouissant de découvrir un Chef d'Etat du continent qui clame haut et fort à la face du monde, son africanité. Macky Sall, par sa

cinglante réponse à Ba-
rack Obama, et face à lui,
a grandement   fait hon-
neur à l'Afrique.

Table